R. P. LAVY

CAUSERIES

PHILOSOPHIQUES & RELIGIEUSES

2ᴱ CAUSERIE

DEUX ORDRES DE VÉRITÉS

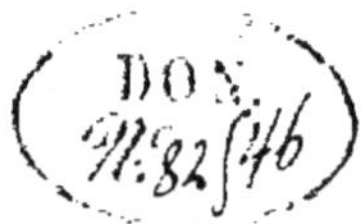

PARIS

BUREAUX DE LA « REVUE THOMISTE »

222, Rue du Faubourg Saint-Honoré

—

1896

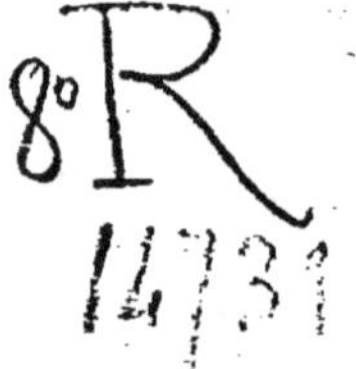

CAUSERIES PHILOSOPHIQUES

ET RELIGIEUSES

2me CAUSERIE

DEUX ORDRES DE VÉRITÉS

LE MAITRE.

Te souviens-tu de notre dernier entretien et pourrais-tu le résumer en quelques mots ?

LE DISCIPLE.

Je m'en souviens parfaitement ; il me serait aisé de le redire à peu près en entier. Mais, voici brièvement ce dont nous avons parlé et ce que vous avez bien voulu m'apprendre.

L'objet de notre causerie a été : *la vérité*, l'importance, pour l'homme, de chercher à acquérir ce bien précieux. D'abord, vous l'avez définie : « La vérité, avez-vous dit, c'est *ce qui est*. » Seul l'être est vrai ; ce qui n'est pas, ce qui n'a qu'une apparence d'être est faux ou factice. La vérité peut être considérée dans les choses ou dans l'esprit. Sous le premier point de vue, elle se confond avec les choses mêmes, elle est *leur être*. Sous le second point de vue, elle n'est autre que la *manifestation de cet être à l'esprit ;* c'est, dans l'intelligence, l'*expression de la réalité.*

Cette définition donnée, vous avez établi que l'esprit de l'homme est fait pour la vérité, pour toute vérité, qu'il a en lui un désir inné de la posséder et qu'il ne saurait s'arrêter dans sa recherche avant que ce désir ne soit pleinement satisfait. D'où il suit que si notre connaissance des choses, ici-bas, est encore très imparfaite, dans l'avenir elle deviendra parfaite. Toute vérité nous doit être un jour manifestée dans une pleine lumière. Enfin, pénétrant davantage ce sujet, vous avez étudié les rapports de la vérité et de l'esprit, l'action qu'elle exerce en lui. Elle le nourrit, elle est son pain mystérieux ; et, le nourrissant, elle entretient et développe sa vie. De sorte que c'est s'avancer vers la vie que d'avancer dans la possession de la vérité. Il faut donc que l'âme marche sans relâche, jusqu'à ce qu'elle arrive aux sources éternelles de l'être et du vrai, parce que, s'abîmant dans ces sources d'où elle est elle-même sortie, elle trouvera l'éternelle vie.

Voilà, ce me semble, Maître, ce que vous avez dit, ce que j'ai appris de votre bouche dans notre dernier entretien.

LE MAÎTRE.

Tu as fort bien compris et retenu mes paroles. Nous pouvons donc poursuivre nos causeries et entrer plus avant dans le vaste plan d'études que nous nous sommes proposé. Puisque tu connais ce qu'est la vérité et quelle nécessité il y a, pour nous, de la posséder, il faut que je t'enseigne, à son sujet, une doctrine très importante et qui ouvrira à ton esprit de grands horizons : — C'est qu'il existe, relativement à l'homme, deux ordres de vérités distincts, un ordre de *vérités naturelles* et un ordre de *vérités surnaturelles.*

LE DISCIPLE.

Voilà des mots nouveaux pour moi, et qui, probablement, vont demander bien des explications.

LE MAITRE.

Non, les explications que j'ai à te donner, sur ce point, ne sont pas longues et ne présentent rien de difficile. Lorsqu'on considère, par la pensée, l'universalité des choses, on y remarque d'abord un vaste ensemble d'êtres dont la nature, dont le mode d'exister sont conformes à la nature et au mode d'exister de l'homme. Ces êtres, ce sont les corps, c'est tout ce qui existe, ce qui se meut, ce qui vit dans la matière. L'homme, en effet, est un esprit uni à la matière, une âme attachée à un corps, une intelligence liée à des organes. Tout ce qui est en lui dépend de cette condition d'existence. Il n'est rien, il ne sent rien, il ne fait rien sans l'élément matériel. Vient-il au monde ? C'est dépendamment d'une loi toute corporelle. C'est la formation de son corps qui détermine la création de son âme ; c'est lui qui, en quelque sorte, l'introduit sur la terre. Et, de même, tous ses mouvements, toutes ses actions, même les plus immatérielles en apparence, présupposent l'action du corps, le mouvement des organes. Sa vie entière est le fruit d'une continuelle association, d'un continuel mélange de la matière et de l'esprit. Il voit, il entend, il odore, il goûte, il touche ; tous ces actes appartiennent à la fois à son âme et à son corps, c'est-à-dire au *composé* dont il est formé. Ses idées elles-mêmes, toutes spirituelles qu'elles sont, ne sauraient se produire sans le corps. Il n'y a pas une idée, dans notre esprit, qui n'ait pour point de départ une sensation. — « Il n'y a rien dans l'intelligence, dit Aristote, qui n'ait été préalablement dans le sens. » — Enfin ses ouvrages, tout ce qu'il produit au dehors, porte encore ce caractère. Une œuvre humaine est toujours, comme l'être humain lui-même, un mélange de matière et d'esprit. C'est un objet matériel, pierre, bois, fer, couleur, etc., transfiguré par une forme artificielle, fille de l'idée. L'homme, étant tel, se trouve naturellement dans une sorte de fraternité avec tous les êtres qui composent ce monde matériel, il est lié à eux, en contact immédiat avec eux et emporté dans le cercle de leur évolution. Tous ensemble forment donc un ordre de choses auquel on peut dire qu'il appartient par sa nature, qui, relativement à lui, est *naturel*.

LE DISCIPLE.

Tout cela, Maître, me paraît parfaitement juste si nous ne faisons attention qu'au corps humain et même à la substance humaine composée d'âme et de corps. Mais ne serait-ce pas une grave exagération d'enfermer ici, dans le même cercle, l'être et la pensée humaine ? Est-ce que notre pensée ne s'élève pas d'elle-même et sans effort au-dessus du monde des corps? Est-ce qu'elle ne connaît pas les esprits? Est-ce qu'elle ne les saisit pas? Est-ce qu'elle n'entre pas aussi en contact et en société avec eux?

LE MAITRE.

L'esprit humain, la pensée humaine suivent la loi de l'être humain. Il y a, en philosophie, un axiome dont l'évidence saute aux yeux d'elle-même : c'est qu'en chaque chose, le mode d'agir est exactement proportionné au mode d'être. La raison en est bien simple : l'action suit l'être, procède de lui, comme le fruit de l'arbre. La connaissance humaine n'échappe point à cette règle, elle se proportionne nécessairement au mode d'être humain. — « La connaissance, dit saint Thomas d'Aquin, a lieu en tant que l'être connu est dans celui qui le connaît. Mais l'être connu n'est dans l'être connaissant que selon la mesure, c'est-à-dire le mode d'être de celui-ci. En sorte que la connaissance de chaque être est toujours conforme à sa nature et à son mode d'être. » — L'homme existe uni à la matière; il ne fait rien que dans la matière. Même dans ses actions les plus hautes, il ne se sépare jamais entièrement de l'élément matériel. Notre intelligence, liée à des organes corporels, ne peut saisir d'autres objets que ceux que ces organes lui apportent. Or, ils ne lui apportent rien autre chose que des sensations, c'est-à-dire des images des choses extérieures et corporelles. Par conséquent, c'est bien l'être sensible et matériel qui est l'objet propre, l'objet immédiat de notre connaissance na-

turelle ; hors de lui, nous n'atteignons rien directement, rien immédiatement. Cependant, je me hâte
de le dire, l'intelligence humaine ne se borne pas
à saisir l'objet externe tel que le lui présentent les
sens. Eux n'en atteignent que la surface ; elle en
pénètre le fond ; c'est pour cette raison qu'on l'appelle *intelligence,* « intus legens » ; parce qu'elle lit au
dedans. Aussitôt qu'elle lui est présentée, elle tra-
vaille, elle élabore, en quelque sorte, cette matière ;
à travers la forme externe et sensible, elle pénètre
jusqu'à la forme interne, jusqu'à la forme invisible.
Elle atteint par là, dans le matériel et le sensible,
quelque chose qui n'est plus ni matériel ni sensible ; elle saisit la loi, l'essence immuable des
choses. Ce n'est point tout, l'esprit peut faire un
pas de plus, il peut, dans les effets, percevoir les
causes, dans les réalités visibles et terrestres, atteindre les réalités invisibles et célestes. Ce monde
matériel et mobile est essentiellement dépendant ;
il relève donc de la cause qui l'a produit. Non seulement il manifeste son existence, mais aussi ses
attributs. — « Les invisibles perfections de Dieu,
dit saint Paul, ont été rendues visibles par la pro-
duction du monde. » — Il est impossible qu'une
cause ne se révèle pas, d'une certaine manière,
dans ses effets. Produire, qu'est-ce autre chose
que manifester, que tirer de soi ce qui y existe
déjà, à l'état de conception, pour le réaliser au
dehors ? Ainsi l'invisible se reflète nécessairement
dans le visible, la cause dans l'effet, Dieu dans le
monde. De sorte que l'homme contemplant ce qui
tombe sous ses sens peut fort bien, d'une façon

médiate, saisir ce qui les dépasse. Et, en cela, il ne sort point des exigences de sa nature. Il est un esprit dans un corps, il perçoit l'esprit à travers le corps, l'immatériel et l'immuable à travers le matériel et le muable. Mais là finit sa puissance naturelle, il n'a jamais des choses d'en haut qu'une connaissance médiate.

LE DISCIPLE.

Voilà donc ce que vous appelez l'*ordre naturel :* c'est le monde matériel et visible et tout ce qui se réfléchit en lui des choses immatérielles et invisibles.

LE MAITRE.

Oui, c'est là l'ordre naturel, et c'est, en même temps, la vérité naturelle. La vérité c'est *ce qui est,* et c'est aussi la *manifestation de l'être* à l'esprit Au premier point de vue, j'appelle *vérités naturelles* tout cet ordre de choses que je viens de te décrire Et, au second point de vue, j'appelle encore *vérités naturelles* toutes les connaissances que l'homme en peut acquérir par les forces que la nature lui a données. L'esprit humain, aussi bien que la nature humaine, s'arrête là, il ne saurait de lui-même franchir ces bornes.

LE DISCIPLE.

Ceci paraît parfaitement logique. Et, pourtant, il y a une objection qui se présente, en ce moment, à moi. C'est que l'intelligence humaine, dans son fond, est infinie. Rien ne le montre mieux que son objet : l'être, la vérité. L'être est infini, la vérité est infinie. Il n'y a point une réalité, une existence quelconque, matérielle ou immatérielle, visible ou invisible, temporelle ou éternelle, finie ou infinie, qui ne soit de l'être, de la vérité, qui, par conséquent, n'entre dans l'objet de notre esprit et ne puisse être saisie par lui. Si l'intelligence humaine est telle, comment lui assigner des bornes? Il faut qu'elle puisse, un jour, tout saisir. Et, n'est-ce pas ce que vous me disiez vous-même, dans notre dernier entretien? « L'esprit humain, affirmiez-vous, est ouvert sur toute vérité, il la désire naturellement, un jour doit donc venir où il la possèdera tout entière et dans une pleine lumière. »

LE MAITRE.

L'intelligence humaine est infinie quant à son objet; elle est finie quant à son mode d'exister et de connaître. On peut la comparer à l'angle dont les lignes vont s'étendant sur l'infini, mais qui est naturellement fini à leur point de jonction. L'objet de l'intelligence, comme tu viens de le dire, c'est l'être, c'est la vérité, de sorte que tout être, toute vérité peut tomber sous sa connaissance. Cela montre, selon moi, qu'il n'y a point de répugnance absolue à ce qu'une vérité quelconque, et sous un mode de connaissance quelconque, lui soit communiquée. Mais, il ne suit pas de là que, par sa nature seule, elle puisse saisir toute vérité et sous tous les modes possibles. Au contraire, sa nature nous apparaît comme limitée, déterminée à une mesure, à un mode finis. Que dis-je, ainsi que je te le montrais tout à l'heure, le mode d'être et de connaître de l'intelligence humaine est tel qu'elle ne perçoit rien qu'à travers les sens et dans la matière. Eh bien, pour elle, l'infini doit venir se réfléchir dans ce point extrêmement fini, extrêmement borné. Elle ne perçoit rien au-delà. Elle est incapable de saisir, par ses seules forces, aucune vérité supposant un mode de connaître supérieur au sien. Encore, remarque bien qu'en parlant de la sorte et en supposant que l'intelligence humaine peut tout atteindre, selon sa manière d'être propre, je la considère à un point de vue absolu, indépendamment des conditions dans lesquelles elle se trouve présentement.

LE DISCIPLE.

Qu'est-ce à dire? Prétendriez-vous la limiter encore?

LE MAITRE.

Oui, je le prétends et à juste titre. Si nous considérons en effet l'intelligence de l'homme, non plus dans ce qu'elle peut connaître, absolument parlant, mais dans ce qu'elle connaît en réalité, dans la place qu'elle occupe au milieu de ce champ sans limites qui s'ouvre devant son regard, nous serons bien obligés de confesser combien est restreinte la portée de sa vue, et de diminuer les concessions que nous lui faisons. Notre intelligence, dans l'ordre des choses intelligibles, n'occupe pas beaucoup plus de place que la durée de notre vie dans la série des temps, ou que notre corps lui-même dans l'immensité de la nature. Pascal, dans ses pensées, a admirablement fait ressortir cette vérité : « Car enfin, s'écrie-t-il, qu'est-ce que l'homme dans la nature ? Un néant à l'égard de l'infini, un tout à l'égard du néant, un milieu entre rien et tout. Il est infiniment éloigné des deux extrêmes, et son être n'est pas moins distant du néant d'où il est tiré que de l'infini où il est englouti... Son intelligence tient dans l'ordre des choses intelligibles le même rang que son corps dans l'étendue de la nature ; tout ce qu'elle peut faire est d'apercevoir quelque apparence du milieu des choses, dans un désespoir éternel de ne connaître ni leur principe, ni leur fin. Toutes choses sont tirées du néant et portées jusqu'à l'infini. Qui suivra ces étonnantes démarches ? L'auteur de ces merveilles les comprend, nul autre ne le peut faire ! » Ainsi tout, en nous, est borné, le corps, la durée, l'esprit. Que conclure de là, sinon que nous ne saurions, en fait, saisir toute vérité même naturelle. Nous sommes faits pour l'atteindre, mais l'infirmité de notre condition actuelle est telle que nous n'y pouvons parvenir. Comme la sphère d'action de notre corps est enfermée dans une autre sphère d'action qui la dépasse infiniment, ainsi la sphère de vérités qu'embrasse notre esprit est enfermée dans une autre sphère de vérités qui la dépasse et qu'il nous est impossible d'atteindre. « La dernière démarche de la raison, dit encore très justement Pascal, c'est de connaître qu'il y a une infinité de choses qui la surpassent. Elle est bien faible si elle ne va jusque-là. »

LE DISCIPLE.

Que nous soyons des êtres limités et qu'une foule de vérités se trouvent présentement hors de notre portée, c'est un point que je n'ai nulle peine à admettre. Cependant, cette comparaison des bornes assignées à l'esprit humain avec les bornes assignées au corps ou à la vie humaine, est-elle bien juste? Nous savons que jamais notre corps n'occupera tout l'espace, que notre vie ne s'étendra jamais à toute la durée des temps. Mais en est-il de même de notre esprit? N'a-t-il pas une capacité de connaître qui va s'étendant sans relâche? Et, par conséquent, ne peut-on espérer que l'humanité, marchant de progrès en progrès, s'emparera de plus en plus de la vérité, qu'un jour, enfin, elle parviendra peut-être à la posséder tout entière? Autrefois l'on ne connaissait rien de l'infiniment grand, rien de l'infiniment petit; la science des hommes s'arrêtait où s'arrête leur vue. Aujourd'hui, armé du microscope ou du télescope, le savant porte son regard, à son gré, dans les profondeurs des mystères terrestres et dans les abîmes des cieux. Pourquoi ne pourrait-il parvenir à saisir tout entier le secret de la nature? Pourquoi, lorsqu'il aura exploré la terre, ne s'élèverait-il pas à la connaissance d'autres sphères et d'autres mondes? et cela indéfiniment. Il n'y a point de terme au progrès humain. Il est même fort possible que ce que vous regardez présentement comme *surnaturel*, comme dépassant les forces que la nature a données à notre esprit, devienne *naturel* un jour.

L'intelligence, à mesure qu'elle s'avance dans la connaissance, dans la pénétration du vrai, s'élargit et se fortifie. Ce qu'elle ne saisit pas aujourd'hui, elle le saisira demain. Existe-t-il réellement une ligne infranchissable, une démarcation absolue entre ces deux ordres de vérités ? Et ne serait-il pas plus juste de dire que tous les deux composent également le champ où se doit développer la pensée humaine ? Mais l'un comprend la partie de ce champ déjà conquise ; l'autre la partie qui reste à conquérir.

LE MAITRE.

L'idée d'un progrès indéfini de l'humanité d'un progrès qui aboutirait un jour à une possession complète de la vérité, est absolument chimérique. L'homme est voyageur sur la terre ; il y passe, et tout ce qu'il peut faire c'est de la voir d'une manière passagère, c'est-à-dire superficielle. Je suis très porté à admettre une loi d'évolution pour l'esprit humain comme pour toutes choses. Mais cette évolution, si nous ne la considérons que dans la durée de cette vie, n'aura jamais pour résultat qu'une connaissance incomplète de cette terre que nous habitons, de cette figure externe du monde qui nous entoure. Penser que l'homme parviendra un jour à tout savoir ici-bas, et quand il aura tout appris chez lui qu'il sera à même de pénétrer dans d'autres sphères, de les explorer comme il l'aura fait de sa propre planète, c'est plus qu'une simple rêverie, c'est une chose impossible et absurde. On dira peut-être que si ce n'est pas durant

cette vie que l'intelligence humaine réussira à saisir toute vérité, ce sera dans une autre vie, suivant
naturellement celle-ci et assurée également à tous.
C'est là une hypothèse que nous ne devons pas,
pour le moment, faire entrer en ligne de compte.
Qui connaît assez ce qui existe dans l'au-delà de la
tombe pour oser affirmer que toute vérité s'y
trouve aussitôt à la portée de notre esprit, que rien
ne le dépasse? Nul, en ce monde, n'est en état de
savoir et de soutenir une chose semblable. Au
reste, tout ce qu'on peut imaginer du progrès à
venir de l'esprit humain, dans ce monde et même
dans un autre, ne saurait rien changer à la solution
du problème qui nous occupe. Ce qui distingue, en
effet, cette vérité que nous possédons ici-bas, que
nous allons conquérant tous les jours et que j'appelle *naturelle*, de cette autre vérité que j'appelle
surnaturelle, ce n'est point, comme tu sembles le
supposer, que l'une est plus ou moins à notre portée, l'autre hors de notre portée, c'est qu'elles sont
d'ordres absolument différents. Si nous étions sou-
dain transportés dans la lune ou dans un astre
quelconque, il est à croire que nous saisirions
les objets qui s'y trouvent aussi aisément que ceux
que nous voyons sur la terre. Et, à supposer que
nous puissions voyager dans l'Univers matériel
tout entier, en parcourir successivement toutes les
sphères, nous parviendrions naturellement à en
avoir une science à peu près complète. Il n'y a
rien, dans l'espace infini, que nous ne soyons en
état de connaître, étant donné que les objets se
présentent à nos yeux. Mais tout cela ne nous

ferait point sortir d'un ordre *naturel* de vérités, et n'empêcherait point l'existence d'un autre ordre de vérités dépassant infiniment notre intelligence, absolument inaccessible pour elle et que j'appelle *surnaturel*.

LE DISCIPLE.

En quoi donc, proprement, consiste-t-il, cet ordre surnaturel?

LE MAITRE.

Comme il existe tout un ensemble d'êtres dont la nature est conforme à celle de l'homme, qui vivent enfermés dans la matière et sont accessibles aux prises des sens ; il existe aussi un ensemble d'êtres non moins considérable, non moins grand, dont le mode d'exister est supérieur à celui de l'homme, qui sont entièrement indépendants de la matière, et, par suite, invisibles, insensibles. Ces êtres ce sont les âmes séparées des corps, ce sont ces esprits immatériels que nous appelons les Anges, et c'est Dieu, le plus pur, le plus élevé des esprits. Il est évident, au premier abord, que tout cet ensemble de réalités forme un ordre supérieur à la nature de l'homme, à son mode actuel d'exister. Ce sera donc à juste titre que nous l'appellerons *ordre surnaturel*. Mais cet ordre n'est pas surnaturel pour l'homme seulement au point de vue de sa substance et de son mode d'être, il l'est au point de vue de sa connaissance. Il est vrai, comme je te l'ai déjà dit, que nous avons, dès ici-bas, une certaine connaissance de ces êtres invisibles en tant qu'ils se manifestent à travers les visibles. Mais cette manière de connaître qui nous est propre n'est point la connaissance suprême et dernière ; elle reste, au contraire, très limitée et très imparfaite. « Par elle, ainsi que le dit saint Paul, nous n'atteignons les êtres qui nous sont supérieurs que d'une façon énigmatique, à travers des signes et des symboles, dans le miroir opaque, brisé et fini, des choses matérielles : *Videmus nunc per speculum et in ænigmate.* » Au-dessus d'une telle science on en conçoit une autre infiniment plus large, plus claire et plus pénétrante, fondée sur la vision immédiate de ces réalités qui subsistent indépendamment de la matière, en-dehors des divisions d'espace et de temps qui nous enferment. C'est cette science que j'appelle *surnaturelle,* et parce qu'elle nous met en possession de vérités qui nous dépassent, et parce qu'elle nous les donne dans un mode de connaître supérieur à celui qui nous est naturel. Elle aussi s'étend à toute réalité, mais avec cette différence que pendant que la science naturelle de l'homme n'atteint que les choses visibles et par elles s'élève aux invisibles, elle atteint l'invisible et en lui contemple le visible. L'objet de la *science naturelle* c'est immédiatement l'Univers et l'homme, et médiatement tout ce qui se réfléchit des invisibles dans l'Univers et dans l'homme ; l'objet de la *science surnaturelle* ce sont, immédiatement, tous les êtres séparés de la matière, et, médiatement, toutes choses considérées dans la lumière de ces visions supérieures.

⋆⋆

LE DISCIPLE.

Ici, je l'avoue, je n'ai rien à objecter. La ligne de démarcation que vous établissez entre ces deux ordres de choses et de vérités est, en effet, infranchissable pour nous. Je ne vois point comment, par nos seules forces, nous pourrions jamais atteindre de tels êtres immédiatement et en eux-mêmes. J'ajouterai que la question, en ce moment, change tout à fait d'aspect. Ce qui maintenant fait, à mes yeux, une difficulté, ce n'est pas de savoir si l'intelligence humaine est impuissante à pénétrer d'elle-même dans cet ordre nouveau que vous venez de définir, c'est plutôt de savoir si cet ordre réellement existe et si jamais il nous pourra être manifesté.

LE MAITRE.

Oui, cet ordre existe ; il existe des âmes séparées des corps ; il existe des anges ou esprits purs ; Dieu existe. Ce n'est pas le lieu, pour le moment, de démontrer ces vérités, nous y reviendrons plus tard. En attendant, tu peux croire, sans crainte d'errer, que ces êtres sont aussi réels que nous. Quant à les connaître immédiatement, comme ils se connaissent, à les voir comme nous voyons les êtres matériels, ce n'est pas non plus une chose absolument impossible. D'abord ces êtres immatériels se connaissent parfaitement eux-mêmes, ils se voient aussi les uns les autres face à face. Ils composent comme nous une société ; comment ne se connaîtraient-ils pas aussi bien que les hommes se connaissent entre eux. Quant à Dieu, qui peut douter qu'il se connaît et se voit absolument tel qu'il est. Eh bien, cette science, cette vision que les esprits et Dieu ont d'eux-mêmes ou les uns des autres, qui empêche qu'ils nous la communiquent sous des formes saisissables pour nous. Il y a une foule de gens, aujourd'hui, qui croient que les âmes décédées leur parlent à travers des tables tournantes ou parlantes, par l'intermédiaire de médiums dont la main écrit sans qu'ils en aient conscience, quelquefois même en apparaissant elles-mêmes sous des formes sensibles. Tout cela est-il impossible ? Je ne le crois pas, quoique la médiocrité des révélations obtenues par ces moyens m'ait toujours fait douter qu'elles aient pour cause des agents surnaturels. Car enfin, si ce sont des âmes séparées des corps qui se manifestent de la sorte, elles doivent connaître, dans leur état, bien des choses que nous ignorons, et elles doivent pouvoir les dire. Et, hélas ! que disent-elles la plupart du temps ? Rien que l'esprit le plus ordinaire n'ait pu trouver tout seul. Mais si nous laissons dans le doute cette question de savoir si ce sont les âmes de nos parents décédés qui entrent en communication avec nous par ces moyens, il y a une chose qui n'est pas douteuse, c'est que les anges de Dieu et même les démons se peuvent révéler à nous ; c'est surtout que Dieu lui-même le peut faire quand et comment il lui plaît. Tous ces êtres nous peuvent, sans difficulté, manifester, apprendre sur eux-mêmes, sur leur état, sur leur vie intime, une foule de vérités que notre raison ne saurait atteindre seule, quelquefois même qu'elle entend et qu'elle ne peut comprendre.

Et cela ils le font à leur gré, soit par des formes sensibles, par des apparitions, par des paroles, accessibles à nos yeux ou à nos oreilles, soit en formant dans notre imagination les images des choses qu'ils nous veulent révéler, soit enfin en présentant à l'intelligence des objets qui y éveillent de pures idées. C'est ainsi qu'à travers les temps, les prophètes, les hommes saints, les voyants ont été enseignés d'en haut, ont connu et appris au monde des vérités supérieures à la nature et à la raison. Voilà donc déjà un commencement de connaissance des êtres supérieurs, tels qu'ils se voient eux-mêmes, un commencement de cette science surnaturelle dont nous parlons.

LE DISCIPLE.

Oui, mais c'est un bien faible commencement, il y a loin de cette science à la vision immédiate des réalités immatérielles. Ici-même, le surnaturel se soumet aux conditions de la nature pour se manifester à nous. Quand l'esprit se revêt de formes sensibles, quand il produit au dedans de nous des imaginations ou des idées, il ne dérange en rien notre mode ordinaire de connaître. C'est toujours par les sens, à travers le matériel et le sensible, qu'il nous apparait. Quand donc ces voiles, ces symboles, ces signes se déchireront-ils, se briseront-ils définitivement, afin que la vérité surnaturelle se montre enfin telle qu'elle est?

LE MAITRE.

La chose a pu avoir lieu même ici-bas pour certains saints que Dieu, un moment, a suspendus au-dessus de leurs sens, afin de leur manifester des vérités supérieures ou même de se montrer directement à leur esprit. Mais il est juste de dire que ce ne peut être un état normal ici-bas. Ces visions immédiates des réalités immatérielles ne nous appartiendront régulièrement que dans l'autre vie. Il est même nécessaire ici de faire une distinction de la plus haute importance. Dans le surnaturel il y a deux ordres très différents. Il y a un surnaturel qui n'est, pour nous, que relatif, c'est celui que j'appellerai *psychique* ou *angélique*, et il y a un surnaturel absolu qui est le surnaturel *divin*. Les âmes séparées des corps, les esprits purs composent un monde surnaturel pour nous. Car ce mode d'être d'un esprit séparé d'un corps est évidemment quelque chose d'étranger et de supérieur à notre mode d'être actuel. Cependant la connaissance, la vision immédiate de ces esprits n'est surnaturelle pour nous que relativement à notre état présent. Tant que l'intelligence de l'homme est unie au corps, dépendante des organes corporels, tant qu'elle ne connaît les choses qu'en abstrayant ses idées des images sensibles, il est impossible qu'elle voie une âme séparée et surtout un esprit angélique indépendant de toute matière et de tout corps. Mais un jour viendra où notre âme aussi brisera les liens corporels qui l'enferment, alors elle se connaîtra elle-même comme esprit séparé, elle entrera en société avec les autres âmes ses devancières, dont la condition ressemble à la sienne, et elle les verra immédiatement. Quant aux esprits angéliques, si elle ne les voit pas parfaitement, elle s'en fera au moins une idée imparfaite;

s'ils lui restent supérieurs, leur mode d'exister n'a rien d'absolument étranger au sien. Il est probable même que, dans cet état, elle aura avec eux des rapports immédiats que nous ne pouvons avoir ici-bas. On voit par là que cette connaissance du monde des âmes et du monde angélique n'est surnaturelle pour nous que relativement à notre état présent ; elle ne l'est pas dans toute supposition. Le seul être qui soit absolument surnaturel, c'est Dieu, et il ne l'est pas pour nous seulement, il l'est pour toute créature. Dieu est incréé, éternel, infini ; son mode d'exister dépasse donc absolument celui de tous les êtres créés, temporels et finis. Comme la connaissance suit le mode d'être, la connaissance immédiate de Dieu, la vision de son essence échappent nécessairement à toute créature, aussi bien à l'ange qu'à l'homme. L'être divin est donc surnaturel pour toute créature, sans exception, il est le *surnaturel absolu*. La vision de l'essence divine n'est naturelle qu'à l'intelligence divine seule. Pour Dieu il n'y a pas de surnaturel, il n'existe que des natures au-dessous de la sienne et qu'il connaît éminemment dans la compréhension de sa propre essence qui est le prototype de tout être. Ce qui pour nous et pour toute créature est *surnaturel,* pour lui est naturel, c'est sa *nature même.*

LE DISCIPLE.

Ces réflexions sont fort justes. Du moment que nous admettons l'immortalité de l'âme, la logique nous oblige à admettre par-delà la tombe une autre existence. Et, comme la condition de la vie présente a été commune à toutes les âmes humaines, les conditions naturelles d'existence dans l'autre vie doivent être communes aussi. Les âmes, à ne considérer que leur nature, doivent être dans un état semblable, habiter un même lieu, et probablement composer ensemble une même société. Tout porte donc à croire qu'elles se reconnaissent comme nous nous connaissons ici-bas, qu'elles se voient, qu'elles conversent familièrement les unes avec les autres. Quant aux anges, esprits existant naturellement hors de la matière, leur mode d'exister ne diffère pas absolument de celui des âmes séparées. Ils leur sont supérieurs, mais elles doivent en avoir au moins une connaissance imparfaite. Tout cela est aisément admissible. Mais il reste Dieu, il reste l'essence divine supérieure à toute nature créée et créable et qui, seule, est proprement le surnaturel. Comment établir la possibilité de la vision immédiate de cette essence? Je crains bien que nous ne nous trouvions ici en présence d'un problème absolument insoluble.

LE MAITRE.

C'est certainement une chose difficile et mystérieuse que celle de l'élévation de l'esprit de l'homme à la vision d'objets dont le mode d'être dépasse entièrement le sien, mais il ne suit pas de là que sa réalisation soit absolument impossible. L'impossibilité, si elle existait, devrait se trouver plutôt du côté de l'homme et de la créature que du côté de Dieu. Or, non seulement on ne la peut pas montrer dans l'homme, mais on y trouve, au contraire, une foule de raisons de convenance qui appellent cette vision.

D'abord, il n'y a aucune répugnance à ce que notre intelligence soit, pour ainsi dire, retournée du côté des êtres immatériels, purement intelligibles, et mise à même de les voir. Observe bien, en effet, que l'objet propre de notre intelligence, c'est plutôt l'immatériel que le matériel. Ce sont les *essences* des choses qui elles-mêmes sont immatérielles et immuables. Il est vrai que ces essences ici-bas, nous ne les saisissons que dans la matière. Mais n'importe, elles sont le vrai objet de l'intelligence, ce qui doit nous porter à conclure que, bien loin qu'il y ait répugnance à ce que notre esprit soit appelé à contempler les êtres purement immatériels et purement intelligibles, il doit posséder en lui une naturelle inclination et des dispositions innées à cette vision. Si, dès ce monde, nous ne voyons pas ces êtres, ce n'est point qu'ils ne soient pas visibles, je ne-dis pas aux yeux du corps, mais aux yeux de l'esprit. Au contraire, ils sont d'autant plus visibles, d'autant plus intelligibles qu'ils ont plus d'être ; absolument comme une montagne est plus visible qu'un arbrisseau. Mais il arrive quelquefois que plus un être est en lui-même lumineux et visible, moins il est vu par certains yeux, précisément à cause de l'excès de sa lumière. Ainsi l'œil de l'oiseau de nuit ne peut supporter l'éclat du jour. Les esprits purs sont en eux-mêmes très intelligibles, et Dieu, le plus élevé des êtres, est en même temps le plus cognoscible. Cependant, l'œil de la créature ne peut le regarder sans être ébloui. « Nul, disaient les Anciens, ne peut voir Dieu sans mourir. » Il y en a qui ont cru pouvoir conclure de là qu'il était impossible à la créature, et particulièrement à l'homme, de parvenir jamais à voir directement l'essence divine. Cette conclusion n'est point admissible. En premier lieu, elle contredit les données de la nature elle-même. Déjà, dans notre précédent entretien, nous avons remarqué, dans l'âme humaine, certaines dispositions, certaines tendances primordiales qui semblent faites pour la porter vers le surnaturel. L'homme est fait pour la vérité, il a inné le désir naturel de la posséder tout entière. Or, ce désir ne s'étend point seulement sur l'ordre des vérités naturelles ; forcément il vient effleurer de son aile et aborder l'ordre des vérités surnaturelles. Pourquoi arrêterions-nous l'essor de notre esprit et de notre cœur ? S'il nous arrivait jamais d'avoir saisi tout l'ensemble des vérités naturelles, est-ce que nous pourrions être en repos, sachant qu'il existe des vérités supérieures que nous n'avons pas encore atteintes, que nous n'avons fait qu'entrevoir à travers des intermédiaires grossiers, sans avoir pu encore les saisir directement ? Ce serait une erreur de croire que la science humaine, la science naturelle, a en elle-même sa fin dernière et suprême ; non, c'est dans la science surnaturelle, c'est-à-dire dans la vision face à face des choses entrevues, qu'elle tend à se terminer. Il est impossible que la connaissance de la créature et cette connaissance de Dieu que nous acquérons par le spectacle des choses visibles, puisse absolument et finalement reposer nos esprits.

***

La contemplation des choses visibles, du monde externe aussi bien que de son propre être, mène l'homme au bord de l'infini. Elle lui révèle l'existence de l'Être suprême, cause invisible, source première de ce qu'il a jusque-là rencontré, en un mot elle le mène à Dieu. Arrivé là, il voit s'ouvrir devant lui la perspective d'un monde nouveau, éternel, immuable, bien supérieur à ce que la création a pu lui présenter. Il voit la lumière de ce monde, comme l'aurore d'un soleil lointain, se projeter sur les sommets de toutes les choses créées ; il la sent se lever dans son âme et y répandre des clartés ineffables qui la font tressaillir, qui y éveillent des désirs, des pressentiments divins. Comment supposer qu'il puisse rester indifférent à la vision de ce monde supérieur ? Comment croire qu'un naturel besoin de connaître immédiatement, de voir face à face ce principe mystérieux d'où tout être découle, ne viendra pas agiter son âme jusqu'en ses profondeurs ? On dira peut-être que la vérité naturelle lui suffit, qu'il ne peut raisonnablement vouloir saisir des choses qui le dépassent, qui sont entièrement au-dessus de son mode d'être et de connaître. Mais, est-ce que ces réponses éteindront ses désirs, ses naturelles aspirations ? Il reste donc vrai que, même dans notre nature, il y a déjà un appel vers le surnaturel, une base pour en asseoir l'édifice en nous. Or, comment expliquer un pareil fait de nature, si la possession du surnaturel, la vision immédiate des réalités qu'il enferme, était pour nous, à jamais et dans toute supposition, impossible. Les docteurs chrétiens, placés en face de ce problème, n'ont point hésité à le résoudre comme je le fais moi-même. Saint Thomas d'Aquin, en particulier, y revient en différents endroits, et sa solution est invariable : « Il est contraire à la raison, dit-i¹, de soutenir que l'homme ne peut parvenir à voir l'essence de Dieu. En effet, il y a en lui un naturel désir, en voyant un effet, d'en connaître la cause, et c'est de là que procède l'admiration. Si l'intelligence de la créature raisonnable ne pouvait parvenir à voir la première cause des choses, ce désir resterait vain, ce qui est inadmissible, car rien n'est vain dans la nature. Il faut donc conclure simplement que l'homme peut parvenir à voir Dieu. » Et encore : « La dernière béatitude de l'homme consiste dans sa plus haute opération, qui est celle de l'intelligence ; si donc l'intellect créé ne pouvait parvenir à voir l'essence de Dieu, ou il n'obtiendrait jamais la béatitude, ou il la trouverait dans un autre objet que Dieu, ce qui est contraire à la foi. La suprême perfection de la créature raisonnable ne peut se trouver que dans celui qui est le principe de son être. Car chaque chose est parfaite en tant qu'elle atteint son principe. »

LE DISCIPLE.

Ces raisons sont certainement très fortes, et pourtant il me semble trouver, entre vos diverses affirmations, une certaine contradiction, ou au moins une certaine anomalie. D'une part la raison dit que la vérité surnaturelle nous dépasse absolument; que, quoi que nous fassions, nous ne pourrons jamais l'atteindre. Et la nature, au contraire, crie au fond de nous qu'elle la désire autant, sinon plus, que la vérité naturelle, puisque étant plus élevée elle doit être plus belle. Cette vérité est au-dessus de nous, inaccessible à l'étreinte de nos facultés; et, pourtant, elle apparaît comme une fin suprême de notre nature. Elle ne saurait être comprise dans le cercle du créé, et elle le couronne et l'achève. Quest-ce que cela peut bien vouloir dire? Qui expliquera ces énigmes? Ne serait-ce pas, par hasard, que ce surnaturel a aussi quelque chose de naturel, en ce sens que, quoique n'étant pas compris dans la nature, il lui est dû cependant? Il lui est dû parce qu'il a sa base en elle, dans ces désirs innés qui sont au fond de nous, et parce qu'il en est le couronnement suprême. Dieu ne se doit-il pas à lui-même et ne doit-il pas à ses œuvres de ne pas les laisser inachevées?

LE MAITRE.

Ce qui te paraît une contradiction et une anomalie n'est qu'une admirable disposition du plan divin. Malgré le péché qui nous a brisés, qui a renversé l'édifice merveilleux primitivement élevé en nous, on trouve encore, sous les ruines amoncelées, assez de lignes restées intactes et qui permettent de ressaisir le dessein primitif du Créateur. Dieu, en posant les assises de la création, soit au dehors de nous, soit au dedans de nous, n'a pas calculé seulement avec la puissance de ses créatures, avec l'activité qu'elles auraient à développer plus tard, il a calculé aussi avec sa puissance propre. Il s'est réservé de pouvoir intervenir dans son œuvre quand bon lui semblerait, et en conséquence, il a, dès le commencement, établi un fondement assez large pour porter tout à la fois, et ce que la créature, ce que l'homme, en particulier, peut édifier, et ce que lui — Dieu — voudra bien édifier soit dans la création externe, soit dans l'homme. Les bases qui ont été préparées en notre âme et qui en constituent le fond, dépassent donc infiniment notre propre puissance. Là se trouve tout le secret des rapports de la nature et du surnaturel. De là d'abord ces désirs qui s'élèvent en nous et qui montent vers des choses que nous ne pouvons point saisir seuls, mais qui n'en ont pas moins une proportion admirable avec nous. De là, pour nous, l'existence d'une double fin et d'une double perfection, admirablement subordonnées l'une à l'autre, une fin et une perfection naturelle correspondant au développement de nos forces naturelles, une fin et une perfection surnaturelle correspondant au développement de l'action divine au sein de notre action. Celle-ci est la fin dernière et suprême de notre être, et la science humaine elle-même nous l'indique comme telle. Le surnaturel n'a donc de base dans notre nature qu'en ce sens que dans notre nature il y a place non seulement pour ce que nous pouvons opérer, mais aussi pour ce que Dieu peut opérer. Et le surnaturel n'est notre fin dernière et le couronnement de notre nature que parce que la dernière perfection de la nature ce n'est pas celle que l'homme peut acquérir par ses seules forces, c'est celle qu'il peut acquérir par le secours de Dieu, aidé de sa toute-puissance.

Mais tout cela, qui est possible à Dieu et possible aussi en nous, ne constitue point une nécessité ni une chose due à notre nature. Il n'y a rien, dans le créé, qui soit absolument nécessaire ni absolument dû, que la nature même. C'est un don supérieur que Dieu a pu faire à ses créatures, afin de parachever absolument son œuvre, comme il aurait pu aussi le leur refuser. Cependant, dans les œuvres divines, il faut moins considérer ce qui est de dette stricte que ce qui est de convenance. Ce n'est pas parce qu'il y était obligé, parce qu'il avait à payer une dette, que Dieu a produit le monde ; c'est parce qu'il l'a bien voulu, par pure générosité, par pure bonté. L'Éternel ne devait pas aux créatures de les produire, et cependant il l'a fait. Il ne doit pas non plus à ces créatures, une fois produites, autre chose que les dons naturels proportionnés à chacune, mais ce n'est pas une raison pour supposer qu'il s'est borné à ces dons. Je le répète, les raisons de convenance sont ici plus fortes que les raisons de stricte justice ou de stricte nécessité. Or, les plus hautes convenances militent en faveur de cette conclusion que la vérité surnaturelle, un jour, sera manifestée à l'homme, dans sa totalité, tout aussi bien que la vérité naturelle. Dieu a creusé en nous des aspirations et des désirs qui remontent jusqu'à l'infini ; il se doit à lui-même, il doit à sa bonté, à sa générosité, à sa gloire, d'achever ce qu'il a commencé, de combler ces abîmes qu'il a ouverts. Gravissant les degrés de la création, l'intelligence humaine arrive jusqu'au Créateur, et, là, le problème suprême, celui du mystère de l'Être divin lui-même se pose devant elle. Ce problème, qui le résoudra? La raison humaine est impuissante à le faire. Faut-il supposer que la créature restera éternellement en face de lui, dans l'inquiétude et le trouble, sans que personne lui réponde, sans qu'une main secourable se tende vers elle pour la tirer de ses craintes, sans que le voile épais qui lui cache les choses éternelles se déchire enfin? Non! Dieu, encore une fois, doit à la bonté qu'il a manifestée en toutes choses, de répondre à sa créature puisqu'elle l'interroge, de lui révéler les réalités surnaturelles, le monde éternel et infini, de se révéler à elle puisqu'il lui a permis de tourner vers lui ses regards. L'œuvre divine, sans cela, semble rester inachevée. La perfection complète de l'esprit, sa dernière fin, c'est d'atteindre la vérité en elle-même, toute vérité, aussi bien ce qui est surnaturel que ce qui est naturel ; c'est non seulement de voir l'invisible dans le visible, comme dans son signe et son symbole, mais de franchir en quelque sorte le mur des choses visibles et d'entrer dans la vision face à face et complète de l'invisible, c'est-à-dire de Dieu. Eh bien! il convient à l'infinie et suprême bonté de faire à sa créature ce don infini et suprême.

LE DISCIPLE.

L'homme a tout à gagner à se rapprocher de son Créateur. Il trouve en lui le complément de ses facultés. Cherche-t-il l'être et le vrai, Dieu est l'Être suprême et la suprême Vérité ; cherche-t-il le bien et la beauté, Dieu est encore le Bien en soi, la Beauté par excellence. En lui, l'esprit humain obtient son couronnement définitif. La question de savoir s'il est bon que l'homme voie et possède Dieu un jour n'a donc pas de difficulté de ce côté-là. Mais n'en aurait-elle pas, par hasard, et de très graves, du côté de la nature divine elle-même ?

Il peut nous convenir à nous de voir Dieu, mais lui convient-il à lui de se révéler, de déchirer les voiles qui le cachent, de laisser la créature, l'homme qui n'est qu'un ver de terre devant lui, pénétrer dans son secret, dans son sanctuaire, dans cette lumière inaccessible qu'il habite, et lever les yeux vers lui, vers son visage auguste et trois fois saint ? Lui convient-il de s'abaisser, de descendre, de se mettre au niveau de l'être infime qui n'est pas digne de toucher la frange de son vêtement ? Car, pour que ces deux termes si éloignés se rapprochent, il est nécessaire que Dieu le premier descende, vu que la créature serait incapable de monter jusqu'à lui. Et, à supposer que ces choses puissent convenir à la nature divine, il faut savoir encore si elles sont possibles. Il y a une telle distance entre l'homme et Dieu, entre l'intelligence finie et l'infini, qu'on est bien embarrassé de savoir par quels moyens ils pourront se joindre et la créature entrer en possession du Créateur.

Dieu est l'invisible, comment se rendra-t-il visible ? Il est l'inaccessible, comment se rendra-t-il accessible ? Sa nature est le mystère même, comment la révélera-t-il ? Et ces difficultés sont bien plus fortes du côté de l'homme. Même si Dieu veut se mon-

trer à lui, comment l'homme le saisira-t-il? Suppo-
sons que le soleil veuille se montrer tel qu'il est à
l'oiseau de nuit, est-ce que celui-ci, loin de parvenir à le voir, ne serait pas aveuglé par ses clartés?
Eh bien, il en doit être ainsi, ce me semble, de
notre esprit vis-à-vis de l'essence divine. Puisque
le mode d'être de Dieu dépasse infiniment le sien,
comment sera-t-il possible à l'homme de pénétrer
jusqu'à son essence et de la voir? Il est fini, comment comprendra-t-il l'infini? Il est temporel, comment comprendra-t-il l'éternel? Il n'existe et n'agit
que dans le mouvement, comment saisira-t-il l'immuable? Il est créé, comment pourra-t-il concevoir
l'incréé? Ses idées ne pouvant pas dépasser son
être, son mode propre d'exister, comment lui repré-
senteront-elles l'Être divin? Pour se montrer ou se
donner à l'homme, il faut que Dieu se diminue.
Mais, s'il se diminue, évidemment l'homme ne le
verra ni ne le possèdera tel qu'il est!

Enfin, une dernière objection reste encore : à
supposer que tout cela soit possible, qui nous dit
que cela est. Cette manifestation, cette révélation
de lui-même à la créature, Dieu l'a-t-il voulue, Dieu
l'a-t-il faite? Nous savons que rien ne l'oblige à de
pareilles condescendances vis-à-vis de nous; qui
prouve qu'il a daigné s'y soumettre? Voilà certes
bien des difficultés, et des difficultés immenses que
l'on doit avoir la plus grande peine à résoudre.

LE MAITRE.

Elles sont grandes, en effet, et peut-être ne les
résoudrions-nous pas si Dieu ne s'était chargé de

le faire. Mais il les a résolues d'avance, et, par conséquent, la réponse est facile. Dieu a appelé l'homme au surnaturel, à la connaissance de vérités qui le dépassent, à la vision de sa propre essence. Nous savons cela d'une manière certaine par le témoignage de notre foi. C'est, pour nous, un fait accompli, un dessein de la divine miséricorde déjà réalisé ou en train de se réaliser. Par conséquent, nous n'hésitons pas à affirmer que tout cela est possible et convenable même à l'essence divine. Mais, fondés sur ce fait, nous pouvons aussi essayer d'en voir les possibilités et les convenances.

Tu demandes s'il convient à Dieu, au regard de sa propre essence, de se manifester, de s'abaisser jusqu'à ses créatures. Oui, cela convient, et, encore une fois, nous le jugeons par ce qu'il a fait. Il a commencé de se communiquer, de se manifester, de s'abaisser, de se rapprocher du rien dans l'acte créateur. La création est une diffusion de l'Être divin, une sorte de don fait aux créatures de quelque chose de Dieu. Mais pourquoi, par quel motif l'Être divin s'est-il ainsi communiqué? Par bonté, parce que son essence c'est le Bien même. Rien ne convient mieux à la bonté que de se communiquer et de se répandre; aussi la création est-elle une œuvre de la plus haute convenance. Et en même temps que la création est une diffusion de l'Être divin, elle en est une manifestation et une certaine révélation. L'Univers rend, en quelque sorte, visible l'invisible majesté de Dieu. Par conséquent il la manifeste, il la révèle déjà, au moins d'une manière finie. Et ce n'est pas seulement dans l'Univers matériel que Dieu se montre sous toutes les formes si diverses d'existence que nous y voyons, c'est surtout dans l'humanité, dans la conscience de chaque homme, dans la conscience générale du genre humain, dans l'histoire, dans la marche admirable des peuples et des événements, dans les développements de notre espèce à travers les temps. Et maintenant, dis-moi, s'il a convenu à Dieu de se donner, de se communiquer, de se manifester, de commencer de se révéler dans la création, pourquoi veux-tu qu'il ne lui convienne pas de se communiquer et de se manifester personnellement à l'esprit? Ce Dieu qui commence de se révéler d'une manière médiate et incomplète encore, dans la nature au-dehors de nous, et au-dedans de nous dans notre conscience, dans la conscience universelle et dans l'histoire, pourquoi ne se révélerait il pas aussi d'une manière immédiate et complètement à sa créature? Il a plu à ce Père des êtres d'entrer en colloque avec ses enfants, à travers le monde visible, de se dire à eux dans des paroles créées et finies, pourquoi interromprait-il ce colloque si doux, pourquoi ne trouverait-il pas une parole spéciale pour la créature faite à son image, pourquoi enfin, lui parlant lèvre à lèvre et cœur à cœur, n'essayerait-il pas de se dire à elle tout entier et tel qu'il est?

Tu demandes encore si ces choses sont possibles, si Dieu, le voulant, peut se révéler, lui qui est caché dans le mystère, et si l'homme est capable de saisir cette révélation complète et définitive. Oui, tout cela est possible, puisque nous en voyons la réalisation. Mais de pareilles questions sont-elles bien raisonnables? Est-il bien raisonnable de demander si Dieu peut se donner et peut se manifester? Toute lumière se manifeste et tout bien se donne. Dieu est la première lumière et le premier bien; donc en lui est la source de toute diffusion, de toute manifestation. Il peut se révéler ou se donner sous tous les modes imaginables. Il rayonne comme la lumière, il éclaire comme la pensée, il se fait entendre comme la parole. Supposeras-tu que Dieu est muet et ne sait pas parler? Comme il le dit dans Isaïe : « Eh quoi! celui qui a fait l'œil pour voir ne verrait pas, celui qui a fait l'oreille pour entendre n'entendrait pas, celui qui a fait la langue pour parler ne parlerait pas? » Il n'a pas fait seulement la langue pour parler, il a fait le verbe intérieur dans lequel notre esprit exprime au dedans ses pensées. Et l'on voudrait que celui qui a fait ce verbe de l'esprit ne parlât pas lui-même? Le pouvoir de se manifester et de se dire, le don de la parole, en un mot, est proportionnel au degré d'élévation des êtres. Chaque chose se manifeste, mais plus ou moins parfaitement. Le fond substantiel des corps inanimés est caché, mais ils ont chacun leur forme et leur figure externe, ils rendent un son qui révèle leur essence. Quand la plante s'épanouit, quand elle ouvre ses feuilles et ses fleurs, elle se manifeste, elle montre sa nature, elle parle, elle a son langage. Les fleurs et les parfums sont comme la figure et le langage des plantes. L'animal a aussi sa forme, sa figure, et il a de plus un cri qui le distingue. L'homme, enfin, a la parole proprement dite, qui est l'instrument de l'esprit, l'apanage des êtres intelligents. L'art de parler, de bien manifester ses pensées fut toujours regardé comme le signe de la supériorité et du génie. N'est-il pas évident, après cela, que le pouvoir de la parole doit appartenir avant tout et éminemment au Premier Être, c'est-à-dire à Dieu ?

Dieu parle en une infinité de manières que nous ne saurions pas même concevoir, et il possède tous les moyens possibles de révéler sa pensée, de se manifester. Il profère d'abord au dedans de lui une parole, un verbe substantiel, qui est en même temps son fils et son image et qui le dit éternellement tout entier. Et toutes les paroles qui se prononcent, soit dans le monde des esprits, soit dans notre monde matériel, ne sont que des dérivations, des imitations, des échos lointains de ce premier verbe. Dieu parle encore au dehors de lui, dans la nature, et tout à la fois d'une façon externe et interne. Il parle d'une façon externe en produisant les êtres et en les rendant visibles les uns aux autres. On ne saurait trop le répéter, nous voyons Dieu, nous entendons Dieu dans les formes des créatures, dans le son qu'elles rendent dans leurs voix. Et il parle d'une façon interne dans les lois intimes qu'il impose à chaque être et par lesquelles il les conduit. Il parle aux cieux et à la terre, il règle leurs mouvements, il les maintient dans leurs orbites infranchissables. Il parle ici-bas à tout être qui vit, qui grandit, qui se multiplie dans le temps et l'espace, et c'est lui qui règle son développement. Mais surtout il parle au dedans de nous, dans les principes spéculatifs de notre raison, dans les lois morales de notre conscience. Ainsi qu'il est écrit : « Il est la vraie lumière qui illumine tout homme venant en ce monde : *Erat lux vera quæ illuminat omnem hominem venientem in hunc mundum.* » Et encore : « Je suis le Principe qui parle au dedans de vous : *Ego Principium qui et loquor vobis.* » Enfin, Dieu ne se contente pas de parler en produisant les êtres, ou de parler aux êtres en les conduisant ; comme nous l'avons dit tout à l'heure, il leur donne à tous le pouvoir de parler. « L'Esprit de Dieu, dit le Psalmiste, a rempli l'Univers, et il a donné à tous les êtres qu'il contient la science de la parole : *Spiritus Domini replevit orbem terrarum et hoc quod continet omnia scientiam habet vocis.* » Voilà ce que Dieu fait dans la nature. Par là, il est vrai, il ne se manifeste pas encore tel qu'il est en lui-même, mais dans des reflets finis. Cependant, qui peut donc l'empêcher de créer au sein du monde, au sein de nos esprits, un rayonnement plus puissant dans lequel il se manifesterait tout entier ? Qui peut l'empêcher, si nos esprits sont trop étroits pour le comprendre, de les élargir ; s'ils sont trop bas et trop grossiers, de les élever ; si leur lumière est trop faible pour le percevoir, d'y ajouter la sienne et enfin de se montrer ? Où sont les impossibilités ? Je n'en vois pas, du moment que Dieu met en jeu sa bonté infinie, son infinie sagesse, sa puissance infinie.

LE DISCIPLE.

Je me rends très volontiers à des raisons si

belles, si solides, si abondantes. Et, puisque Dieu a bien voulu appeler l'homme à la possession de la vérité surnaturelle, lui aplanir le chemin de sa vision, c'est à vous, Maître, de me montrer maintenant par quels moyens il l'a fait. D'abord, cette manifestation divine commence-t-elle pour nous dès cette terre? Ou bien Dieu attend-il, pour se communiquer à nous, que nous ayons quitté la vie et dépouillé nos organes. Si tout est commencé dès ici-bas, où donc est-elle, dites-le moi, cette manifestation du surnaturel? Où est cette porte ouverte sur les vérités éternelles et infinies? Comment le Très-Haut s'est-il abaissé jusqu'à l'homme pour se donner à lui tout entier? Comment, enfin, s'y est-il pris pour se montrer à l'esprit humain, dans son mode d'être propre et tel qu'il est?

LE MAITRE.

Le moyen par lequel Dieu élève l'homme au surnaturel et tend à l'amener à sa vision, est un ouvrage d'une grandeur et d'une importance telles, que la création entière n'est rien devant lui. C'est un monde nouveau, c'est un ciel et une terre nouvelles préparés, non plus pour alimenter des êtres qui n'ont qu'une vie d'un jour, mais pour alimenter des êtres immortels et divins, appelés à vivre éternellement. C'est de ce monde qu'il est écrit, dans Isaïe, en ces termes : « Voici que je crée des cieux nouveaux et une terre nouvelle ; voici que je vais faire nouvelles toutes choses : *Ecce ego creo cœlos novos et terram novam ; ecce facio nova omnia !* » Et c'est encore de cet ouvrage qu'il est parlé dans l'Apocalypse de saint Jean : « Et voici, dit ce grand prophète des temps à venir, que j'ai vu un ciel nouveau et une terre nouvelle. Car le premier ciel et la première terre ont disparu et la mer n'est plus : *Et vidi cœlum novum et terram novam. Primum cœlum enim et prima terra abiit, et mare jam non est !* » Cet ouvrage grandiose, immense, qui est, sans comparaison, l'œuvre capitale de Dieu, puisque tout doit finalement s'absorber en lui, nous l'appellerons, si tu veux, d'une manière générale, la *Révélation de Dieu.* En sorte que nous pouvons dire que, pour enseigner l'homme, pour lui faire connaître la vérité, pour se faire connaître à lui, Dieu a composé deux grands ouvrages, il a écrit deux grands livres : le livre de la *Création* et le livre de la *Révélation.*

Le livre de la création, je te l'ai déjà dit, c'est le livre de la vérité naturelle. C'est cet Univers, c'est cette grande et belle nature dans laquelle nous vivons, qui nous enveloppe de toutes parts, qui nous emporte, dans sa ronde éternelle, au sein des espaces infinis. C'est ce livre que nous sommes premièrement appelés à lire. Car c'est elle, cette nature, qui, la première, se présente à nos yeux dès qu'ils s'ouvrent, à notre esprit dès qu'il s'éveille. Mère universelle, elle apparaît à tout être au moment où il vient au monde, en même temps que se montre à lui le visage de sa propre mère, et elle le sollicite à la chercher, à goûter ses attraits. Oui, la nature, avec ses espaces insondables, avec ses systèmes d'astres magnifiques, avec tous les êtres en nombre infini qui pullulent en son sein, avec ses lois mystérieuses, avec l'homme qui la couronne et qui, dans sa conscience, dans sa vie et son histoire, présente les plus hautes révélations de ce monde, voilà le premier livre que nous sommes appelés à lire. Et quel livre que celui qui a pour cadre l'immensité, dont le temps déroule indéfiniment les pages, et qui contient toutes les différences des êtres, depuis l'atome jusqu'à l'homme et depuis l'homme jusqu'à l'ange et jusqu'à Dieu, êtres invisibles dont l'Univers nous présente au moins un reflet visible. Le génie humain, frappé de sa grandeur et de sa beauté, s'est, pour ainsi dire, épuisé à trouver à cette nature une désignation digne d'elle. Les Grecs l'appelaient κοσμος, mot qui signifie splendeur, harmonie, beauté. Nous l'appelons *Univers,* admirable unité dans l'infinie diversité; enfin les Latins, peut-être mieux inspirés, l'ont appelée *Mundus,* c'est-à-dire *pur*, la création leur apparaissant comme un temple pur et saint, plein de la gloire et de la Majesté du Créateur.

Malgré sa grandeur, cependant, ce livre de la création n'est encore qu'une sorte de préface au livre de la révélation. Dans la création, en effet, Dieu dit la créature, et s'il se manifeste lui-même, ce n'est que d'une manière imparfaite et sous des formes finies ; dans la révélation, au contraire, il se dit tout entier et tel qu'il est aux créatures. La création remplit les espaces et se déroule dans les temps ; la révélation a pour lieu l'esprit créé dans lequel elle se développe et se déroule et qu'elle doit combler un jour. Or l'esprit est plus grand que le monde matériel, il le contient et le dépasse. La révélation, dans l'ordre de l'intention divine, est antérieure à la création. Ce que Dieu a premièrement voulu, a été de se manifester, de se donner. Il ne pouvait pas s'assigner un but plus sublime; par conséquent il a du tout y rapporter, même l'univers. Mais, dans l'ordre de l'exécution des œuvres divines, la révélation suit la création. Dieu ne pouvait pas se révéler aux créatures avant que les créatures ne fussent. Tout ceci t'expliquera pourquoi cet ouvrage de la révélation, qui est pourtant chose si grande, dans ce monde paraît encore si petite que nous avons peine à le découvrir. D'abord, pendant que la création est une œuvre matérielle et qui frappe les sens, la révélation est une œuvre spirituelle et cachée. Mais, de plus, Dieu l'a soumise aux lois du temps et aux lois du développement de toutes les choses créées. Or, elle commence à peine d'exister, les premières pages du livre à peine sont écrites. Le livre de la création lui-même est loin d'être achevé. Comment celui de la révélation, qui n'a été commencé que postérieurement à lui et qui est incomparablement plus grand, le serait-il? Quand l'univers a été créé, il n'a présenté d'abord qu'une nébuleuse, invisible, insaisissable, vaine, vide, incomposée, une sorte de nullité et de rien. Celui qui l'eût vu alors et auquel on eût dit : « Voilà l'œuvre de Dieu, du créateur éternel et infini », eût été singulièrement désappointé. Mais les temps se sont déroulés, les choses se sont formées et la création a apparu dans toute sa majesté. La révélation commence aussi par une sorte de rien, quelque chose qui ressemble à la semence obscure d'où sortira l'arbre immense. C'est tout ce que nous pouvons saisir ici-bas, mais à voir cette semence pousser lentement et, à mesure qu'elle se déroule, tout entraîner après elle, tout absorber dans son orbite, on devine bien vite quelle vertu divine est cachée en elle.

LE DISCIPLE.

Je n'ai aucune difficulté à admettre que la révélation de Dieu ait été soumise aux lois du temps et aux lois de développement qui règlent toutes ses autres œuvres, qu'elle se trouve même comme enlacée à la création, enfermée dans les cercles de son évolution, et qu'elle ne se déroule que dépendamment d'elle. Si l'on en croit certains philosophes, une *loi de continuité* gouvernerait absolument tous les phénomènes de ce monde et ne permettrait pas qu'aucun s'y produise, d'une façon brusque et soudaine ; tout y serait longuement préparé ; le présent y aurait toujours une base dans le passé, et tout irait s'y développant lentement, sagement, par degrés insensibles, grandissant toujours d'un état moins parfait à un état plus parfait. La création entière et peut-être tout l'ensemble des œuvres divines, sans en excepter cette révélation dont vous parlez, obéirait à ces conditions. Nous croyons que le principe premier des êtres, c'est Dieu le Père, agissant par les immuables raisons de son Verbe, dans le souffle et la chaleur de son Esprit. Or, ce Dieu se serait dès le commencement mis en contact avec une matière impalpable, incomposée, vide, invisible, et, la tirant de son néant, il l'aurait lentement formée tendant à la faire remonter jusqu'à son niveau. D'abord il aurait tiré le visible de l'invisible. Les atomes constituant ce monde n'en seraient pas les premiers éléments, eux-mêmes se trouveraient composés d'une matière primitive, insaisissable, ils formeraient chacun d'imperceptibles tourbillons, animés d'une énergie puissante et prêts à engendrer des masses d'une organisation plus complexe. Leur apparition dans le temps marquerait, non le commencement des choses, mais le premier moment du monde visible. A leur tour ces atomes, se groupant, auraient successivement produit les diverses masses auxquelles correspond ce que nous appelons le monde inorganique, les nébuleuses célestes, les systèmes stellaires, les globes, les soleils, les planètes, etc. Puis, le mouvement ascensionnel des choses se continuant, sous le souffle intérieur de l'esprit, des compositions élémentaires plus élevées s'étant produites, la vie aurait apparu au sein du monde inorganique, débutant par des formes très imparfaites et s'élevant à son tour lentement vers la réalisation de types de plus en plus parfaits. Enfin, dans l'organisation la plus haute, la plus noble que la nature ait pu produire, l'intelligence, ce don suprême de Dieu, ce reflet de son visage, serait venue apporter sa lumière et couronner l'œuvre créatrice. Ainsi, tout ici-bas serait allé se développant, grandissant par degrés toujours admirablement proportionnés. Ce monde visible lui-même tout entier, ne serait qu'un premier degré d'une évolution plus grande. Sorti de l'invisible il tendrait à y rentrer; il se trouverait soumis à différentes lois naturelles qui présenteraient, dit-on, cette tendance. Mais il ne s'évanouirait dans l'invisible que pour renaître sous des formes nouvelles, dans des phénomènes nouveaux, plus lumineux, plus parfaits, avoisinant davantage l'Être suprême du sein duquel toutes choses ont été tirées et vers qui toutes elles doivent remonter. Telle est, résumée brièvement, la conception qu'on trouve plus ou moins nettement exposée dans quelques écrivains de ce temps; telles seraient, selon eux, les lois inviolables qui gouverneraient les choses, auxquelles l'Éternel aurait soumis ses œuvres et aurait voulu se soumettre dans son action. Il est donc très admissible que la révélation elle-même en ait dépendu, et peut-être entre-t-elle dans cette série de manifestations que je viens d'indiquer, et qui marquent pour ainsi dire, les moments principaux de la vie de l'Univers.

LE MAITRE.

Il y a certainement beaucoup de vérité dans la théorie que tu viens d'exposer. Est-elle en tous points exacte, je n'oserais le dire, et je ne voudrais pas aujourd'hui entrer dans la discussion de cette question. Ce serait nous trop éloigner du sujet qui nous occupe. Quoi qu'il en soit, le premier moment de la révélation de Dieu, son début, a coïncidé, en effet, avec un des moments de la création dont tu parles. La révélation a commencé, ici-bas, avec l'apparition de l'homme, c'est-à-dire, avec l'apparition de l'intelligence. Puisque l'intelligence est son lieu, il était tout naturel, il était même nécessaire que Dieu, pour commencer l'exécution de ce grand ouvrage, attendît la venue de l'intelligence dans le monde. La révélation ne peut pas être autre chose qu'une manifestation surnaturelle de Dieu à l'esprit humain. Mais, précisément parce que cette manifestation est surnaturelle et qu'il est de l'essence du surnaturel de dépasser nos forces, l'esprit divin, pour la réaliser, est obligé d'intervenir, d'une manière spéciale, dans l'esprit et dans le cœur de la créature, de les illuminer, de les fortifier, de les soulever au-dessus d'eux-mêmes et enfin de les faire adhérer à la substance de la vérité révélée, soit qu'il la leur donne encore obscurément, comme il en est des vérités auxquelles nous croyons sans les comprendre, soit qu'il leur en laisse saisir quelque chose dans des clartés momentanées comme dans le cas des extases et des visions. La révélation est donc essentiellement, pour la créature, illumination, inspiration, action souveraine de l'esprit d'en haut, s'emparant de l'esprit créé et l'emportant après lui dans sa sphère propre. Or, cette action de Dieu, tout en étant surnaturelle, est pourtant aussi normale dans le monde que l'action par laquelle il conduit et développe la création. Depuis le commencement, le souffle de l'esprit divin n'a cessé de passer sur l'humanité, comme le vent passe sur la nature, comme le soleil qui se lève éclaire les sommets, et il inspire toutes les têtes et tous les cœurs tournés vers lui. On peut se faire quelque idée de l'inspiration surnaturelle par l'inspiration naturelle et d'ordre bien inférieur que Dieu envoie ici-bas aux poètes, aux musiciens, aux artistes, aux hommes de génie. Celle-ci est une illumination soudaine, supérieure aux procédés scientifiques, et qui d'un coup montre à ces hommes privilégiés l'idée, l'œuvre qu'ils vont produire. — « D'où me viennent les idées, disait Mozart, et comment elles me viennent, je n'en sais rien ; d'un regard je les embrasse en imagination, je saisis le tout à la fois. » C'est par des moyens semblables que Dieu, soulevant l'esprit de certains hommes, dans le cours de l'histoire, a commencé de se révéler à eux. Il a illuminé de la sorte le père du genre humain, Adam, les patriarches antédiluviens, Noé, les patriarches postdiluviens, Moïse, les prophètes, et il a complété cette révélation terrestre, qui n'est encore qu'une préface de la révélation à venir, par Jésus-Christ. Voilà l'œuvre surnaturelle qui correspond ici-bas à la création, voilà le second livre de Dieu. Mais, encore une fois, ce livre n'est point écrit tout entier, il est en train de s'écrire. La révélation obéit à la loi de développement et de continuité dont tu parlais tout à l'heure, qui régit la création. Elle est une sorte d'éducation de l'humanité, semblable à celle de l'individu, et dans laquelle la créature est appelée à apprendre le créateur. Le Maître qui enseigne doit s'adapter d'abord à la faiblesse, à l'infirmité de l'enfant ; il commence par l'alphabet, les lettres, les syllabes, les mots ; il le forme peu à peu et peu à peu l'élève jusqu'à lui. Dieu, dans le surnaturel, est lui-même le Maître de l'humanité, et lui aussi il l'instruit, il la forme par degrés. Je te laisse à penser quelle science l'homme peut apprendre sous un tel Maître, quel livre que celui qui s'écrit ainsi lentement, sous la dictée et

par le doigt même de l'esprit de Dieu. La lecture
du livre de la nature fait les savants, les philosophes, les sages, tout ce qu'il y a de plus grand sur
la terre et dans la vie présente. Il n'y a ici-bas rien
de plus grand que les noms de Pythagore, de Lycur-
gue, de Solon, de Socrate, de Platon, d'Aristote,
de Cicéron, et de tant d'autres dont l'énumération
serait infinie. La lecture du second livre, du livre
surnaturel, fait les hommes divins, les saints et les
élus. Moïse, David, Salomon, Isaïe, Jérémie, Ezé-
chiel, Daniel, Pierre, Paul, Jean, Augustin, saint
Thomas d'Aquin ; rien n'est plus grand, non seulement sur la terre mais dans le ciel, que ces noms,
encore cachés ici-bas, mais qui apparaîtront, un
jour, dans une éternelle gloire.

LE DISCIPLE.

Maintenant, Maître, tout est parfaitement clair
pour moi ; je crois avoir très bien saisi la suite de
votre enseignement sur la vérité. Il y a, pour nous,
deux ordres fort distincts : Un ordre de choses
proportionnées à notre mode d'être et qui constitue la *vérité naturelle*, c'est-à-dire, la vérité que
nous pouvons saisir par nos propres forces ; et un
ordre de choses dont le mode d'exister dépasse le
nôtre, que nous ne pouvons point atteindre, par les
seules forces de notre esprit et qui constitue la
vérité surnaturelle. La vérité naturelle est tout
entière comprise dans l'Univers, en nous et dans ce
qui se réflète des invisibles, soit dans l'Univers, soit
en nous. C'est dans ce livre magnifique que nous la
lisons, les seules forces de notre esprit suffisent à

cela. Quelquefois, cependant, Dieu révèle une partie de cette vérité, des fragments de ce livre à certains hommes privilégiés, poètes, artistes, philosophes, par des inspirations, des illuminations soudaines. La vérité surnaturelle est enfermée dans le monde invisible, le monde des esprits, et surtout en Dieu, qui est le surnaturel absolu. Cette vérité nous est aussi manifestée par les divines révélations, et c'est à l'aide de Dieu, soulevés par le souffle de son esprit, que nous la lisons. Ces deux livres, l'*Univers* et la *révélation*, le livre de la vérité naturelle et le livre de la vérité surnaturelle, se déroulent parallèlement. En réalité, ils ne sont écrits définitivement ni l'un ni l'autre, ils sont en train de s'écrire. La création a commencé de se faire dès l'origine des choses et des temps, la révélation commence avec l'apparition de l'intelligence dans ce monde ; et tous deux continuent de se composer par une évolution lente et harmonieuse. Il n'y a qu'une création et évidemment il ne doit y avoir aussi qu'une révélation qui va grandissant et se complétant tous les jours. La révélation faite à Adam, aux patriarches, à Moïse, n'a été sans doute que l'aube de la révélation faite au monde par Jésus-Christ ; et la révélation apportée par Jésus-Christ dans sa vie terrestre n'est elle-même qu'une sorte de préface d'une révélation plus haute et définitive qui nous sera faite par lui dans l'avenir. Le développement de l'intelligence humaine doit donc suivre ce double développement des choses. L'homme n'arrive à sa perfection finale que par une double marche parallèle, sa *marche dans la vérité naturelle* et sa *marche dans la vérité surnaturelle*.

LE MAITRE.

Ton résumé est parfait et, pour terminer, j'ajoute qu'en accomplissant cette double marche dans la vérité, l'esprit humain ne fait qu'obéir à une loi qui gouverne également tous les êtres créés. Dans l'Univers, en effet, les êtres n'atteignent jamais leur perfection que par un double mouvement : un mouvement qui leur est propre et un mouvement qui leur est imprimé par la nature supérieure, sous laquelle ils sont ordonnés.

Ainsi toute l'harmonie des eaux est composée par un double mouvement : un mouvement qui est dans leur nature et qui les fait couler selon la pente des terrains par où elles passent, et un mouvement qui est au-dessus de leur nature, qui leur vient de l'influence des astres et qui les berce autour de leur centre. C'est ce second mouvement qui donne aux flots leur cadence incessante, à la mer et aux fleuves leur flux et leur reflux.

L'harmonie des cieux, elle aussi, est composée par un double mouvement : un mouvement qui dépend de la nature des corps et par lequel les astres tendent chacun vers leur centre, et un mouvement qui est au-dessus de la nature des corps et qui soulève les astres au-dessus de leur centre, les emportant d'un point du ciel à l'autre, comme le flux soulève et emporte d'une rive à l'autre les flots des mers. La combinaison de ce second mouvement que les astronomes appellent tangentiel, parce qu'il suit une tangente effleurant la circonférence de l'orbite de l'astre, avec le premier qu'ils nomment mouvement de gravitation, donne aux corps célestes cette marche elliptique qui est la loi universelle des cieux et qui est reproduite dans la forme que le flux et le reflux donnent aux vagues autant que le permet leur position sur le lit de l'Océan. D'où vient le mouvement tangentiel ? La science moderne, je crois, n'a pas encore de réponse à cette question. Les Anciens disaient qu'il provenait de l'impression d'un ciel supérieur sur notre ciel. Aristote prétend que ce ciel supérieur c'est le ciel des esprits. Quoi qu'il en soit, comme le flux et le reflux ne sont pas dans la nature, mais au-dessus de la nature des eaux, ainsi ce mouvement n'est pas dans la nature, mais au-dessus de la nature des corps célestes.

Or, de même que le mouvement des mers est subordonné au mouvement des cieux, de même que le mouvement des cieux corporels est subordonné au mouvement du ciel des esprits, ainsi le mouvement du ciel des esprits est subordonné au mouvement de Dieu. Les esprits n'atteignent donc, aussi bien que les corps, leur perfection complète, que par un double mouvement : un mouvement qui leur est propre, et c'est leur marche dans la vérité naturelle ; et un mouvement propre à Dieu et qui leur est communiqué, c'est leur marche dans la vérité surnaturelle. Cette marche est tout entière dépendante de l'impulsion de Dieu qui lui-même se fait le maître de l'âme, et, directement, l'instruit, l'attire, lui apprend à le connaître peu à peu, tel qu'il est, et enfin l'amène à le voir à découvert.

PARIS. — IMPRIMERIE A. QUELQUEJEU, RUE GERBERT.

R. P. LAVY

—

CAUSERIES

PHILOSOPHIQUES & RELIGIEUSES

—

2ᴱ CAUSERIE

DEUX ORDRES DE VÉRITÉS

—

PARIS

BUREAUX DE LA « REVUE THOMISTE »

222, Rue du Faubourg Saint-Honoré

—

1896

www.ingramcontent.com/pod-product-compliance
Lightning Source LLC
Chambersburg PA
CBHW051628060726
47597CB00004B/1484